AF070085

HERPERS
Publishing International

No part of this publication may be reproduced, stored in a retrieval system or transmitted in any form by any means without first seeking the written authority from the publisher. The purchase or possession of this book in any form deems acceptance of these conditions.

A CIP catalogue record for this book is available from the German Library.
(http://dnb.d-nb.de)

Bibliografische Information der Deutschen Nationalbibliothek
Die Deutsche Nationalbibliothek verzeichnet diese Publikation in der Deutschen Nationalbibliografie; detaillierte bibliografische Daten sind im Internet über http://dnb.d-nb.de abrufbar.

Dieses Werk ist urheberrechtlich geschützt.

Alle Rechte, auch die der Übersetzung, des Nachdruckes und der Vervielfältigung des Buches, oder Teilen daraus, vorbehalten. Kein Teil des Werkes darf ohne schriftliche Genehmigung des Verlages in irgendeiner Form (Fotokopie, Mikrofilm oder ein anderes Verfahren), auch nicht für Zwecke der Unterrichtsgestaltung, reproduziert oder unter Verwendung elektronischer Systeme verarbeitet, vervielfältigt oder verbreitet werden.

Copyright © 2016 Herpers Publishing International
Idee & Umsetzung: York P. Herpers
www.herpersverlag.de
www.praxis-zeichnen.de

Alle Rechte vorbehalten.

ISBN: 978-3-946268-64-2

York P. Herpers Praxis Zeichnen

Übungsbuch für den Kunstunterricht 1:

Direkt ins Buch zeichnen mit Vorlagen und Konturhilfen
Themen: Blumen, Hund, Katze, Portrait, Sportwagen

HERPERS
Publishing International

Freihändiges Zeichnen – leicht gemacht!

Auch in einer digitalen Welt ist die freihändige Skizzierung ein **Erfolgsrezept** für beeindruckende Kunstwerke. Die **eigene Hand** macht einen Künstler **einzigartig**.

Viele Menschen kennen ihre zeichnerischen Fähigkeiten gar nicht. Dabei machen selbst **ungeübte** Strichführungen eindrucksvolle Bilder. Die eigene **Unperfektion** macht Ihre Bilder zu Kunstwerken.

Dieses Übungsbuch macht Dich zum Künstler

Das **Abpausen** ist eine simple und **bewährte Methode**, das freihändige Zeichnen zu erlernen. Nach den Übungen mit diesem Buch werden Dir Skizzen auch ohne Vorlage gelingen, weil Du ein **Gefühl für Proportionen und Konturen** entwickelst.

Es entstehen **schon beim ersten Versuch beeindruckende eigene Zeichnungen.**
Es sind **Originale**, die Du auch mit Deinem Namen **signieren** kannst. Es ist Deine Hand, die das sehenswerte Kunstwerk geschaffen hat.
Die **schönen Motive** machen jeden Zeichenstrich zur puren Freude.

Nutze jede freie Fläche, um Deiner Kreativität freien Lauf zu lassen.

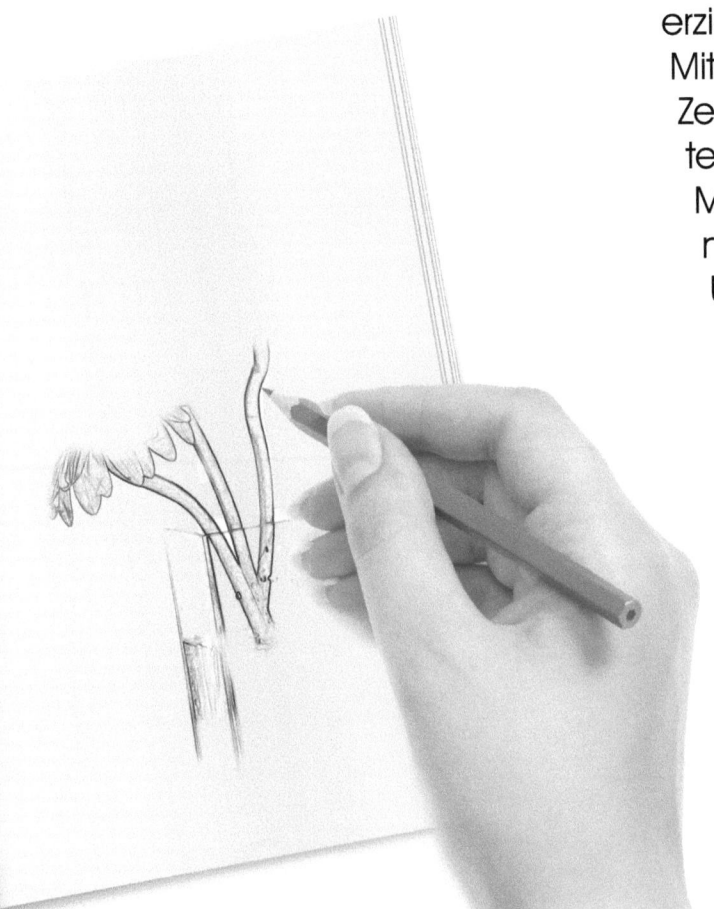

Je nach **Stiftstärke** entstehen andere Ergebnisse. Mit einem gespitzten Bleistift erzielen Sie die höchste Detailtreue.

Mit **Wachsmalstiften** kannst Du Deine Zeichnung kolorieren oder nur Farbeffekte setzen.

Mit **Kohlestiften** entstehen grobe Zeichnungen, die schwierigere Details zu Umrissen werden lassen, aber genauso kunstvoll wirken.

Du findest **jedes Motiv zwei Mal als Originalvorlage:** Einmal zur Probe und das zweite Mal zur verbesserten Umsetzung.

Nutze die **Rückseite** der Skizzenvorlage, um an der spiegelverkehrten Ansicht Deine **Linienführung** oder **Schattierungen** zu üben.

Die **Konturvorlage** eignet sich bestens, um die **Kolorierung** zu üben. Wenn sie dort gelungen ist, kann man die verwendeten Stiftfarben bei den Originalen einsetzen.

Viel Erfolg!

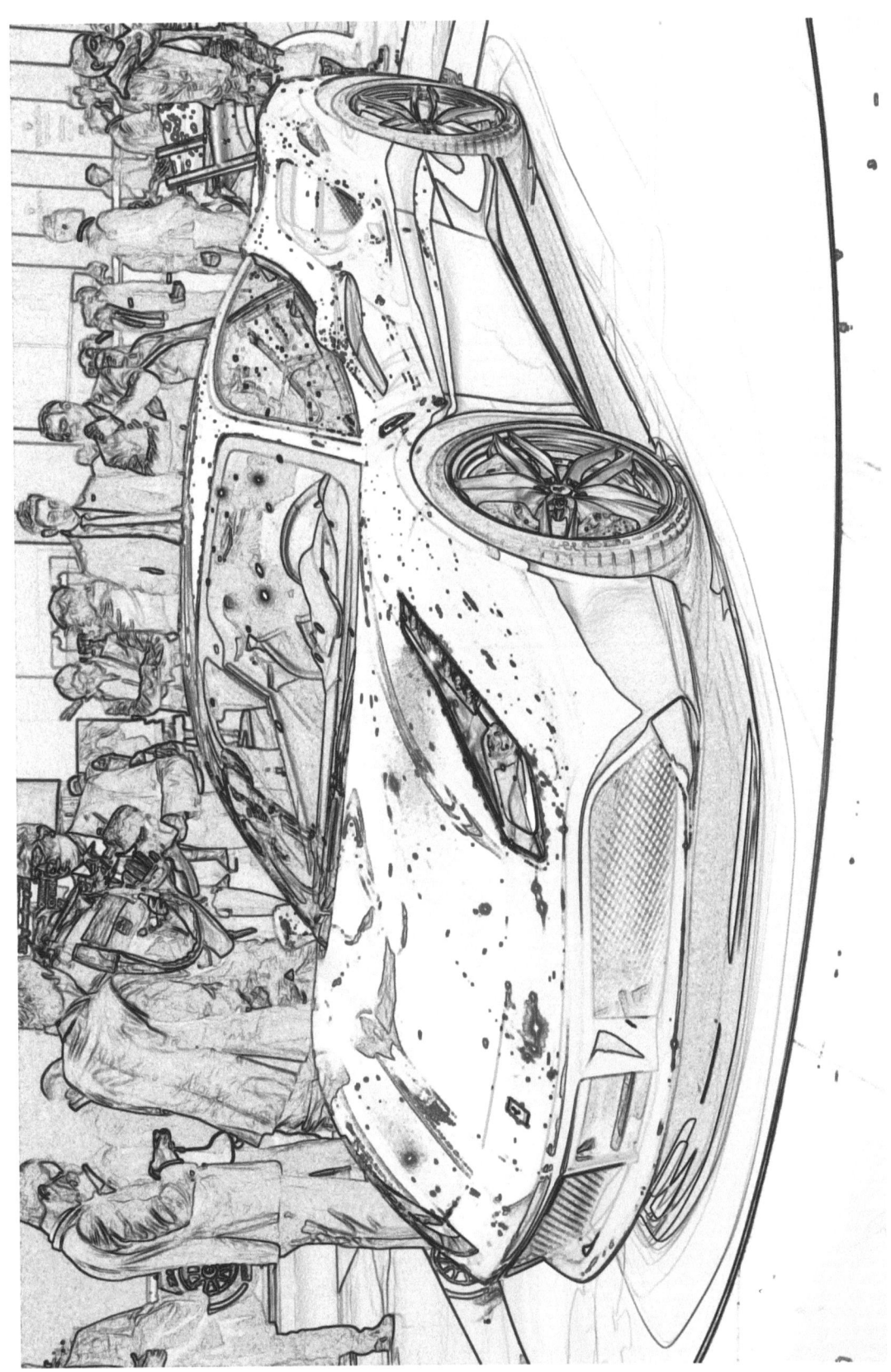

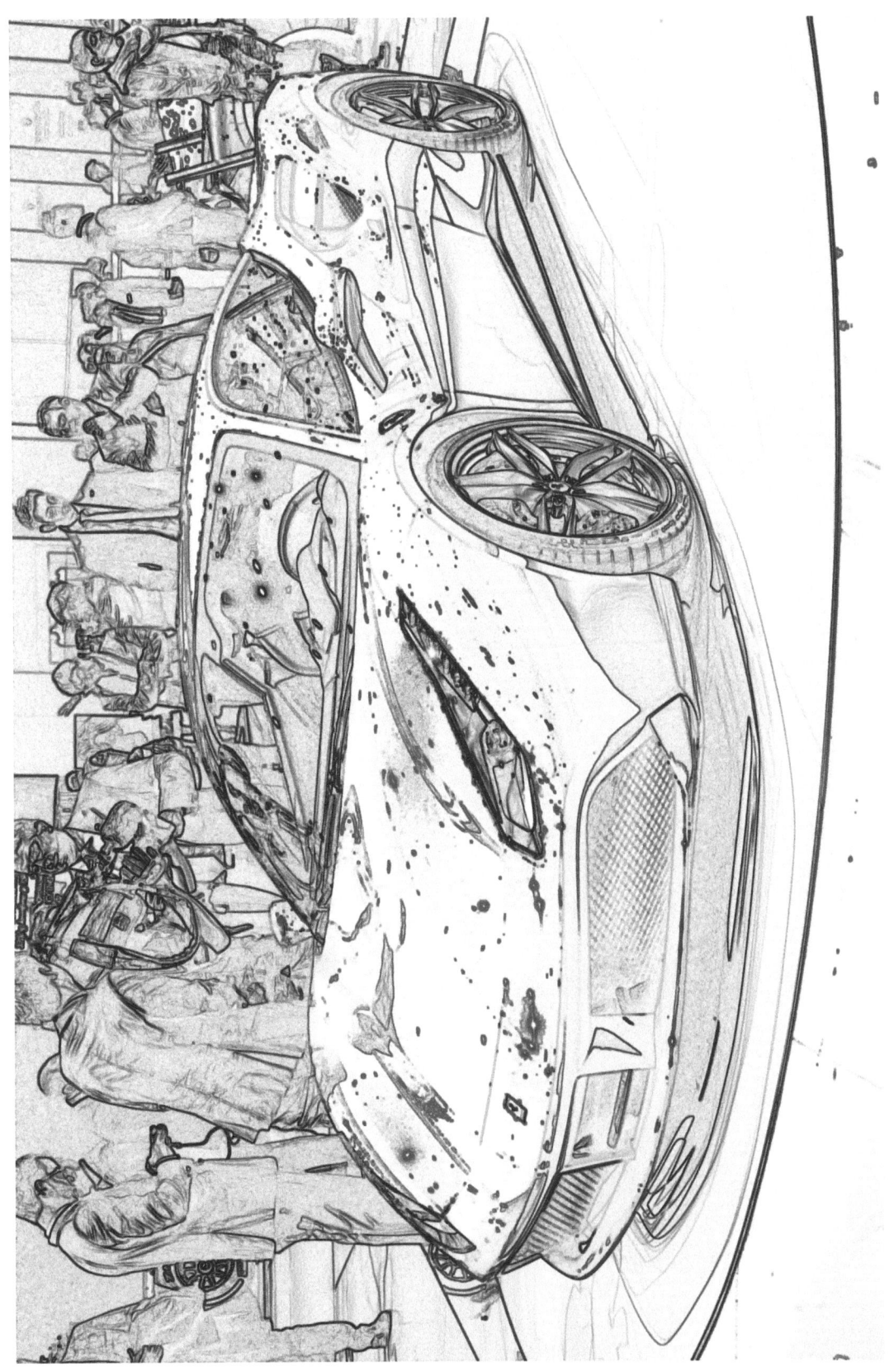

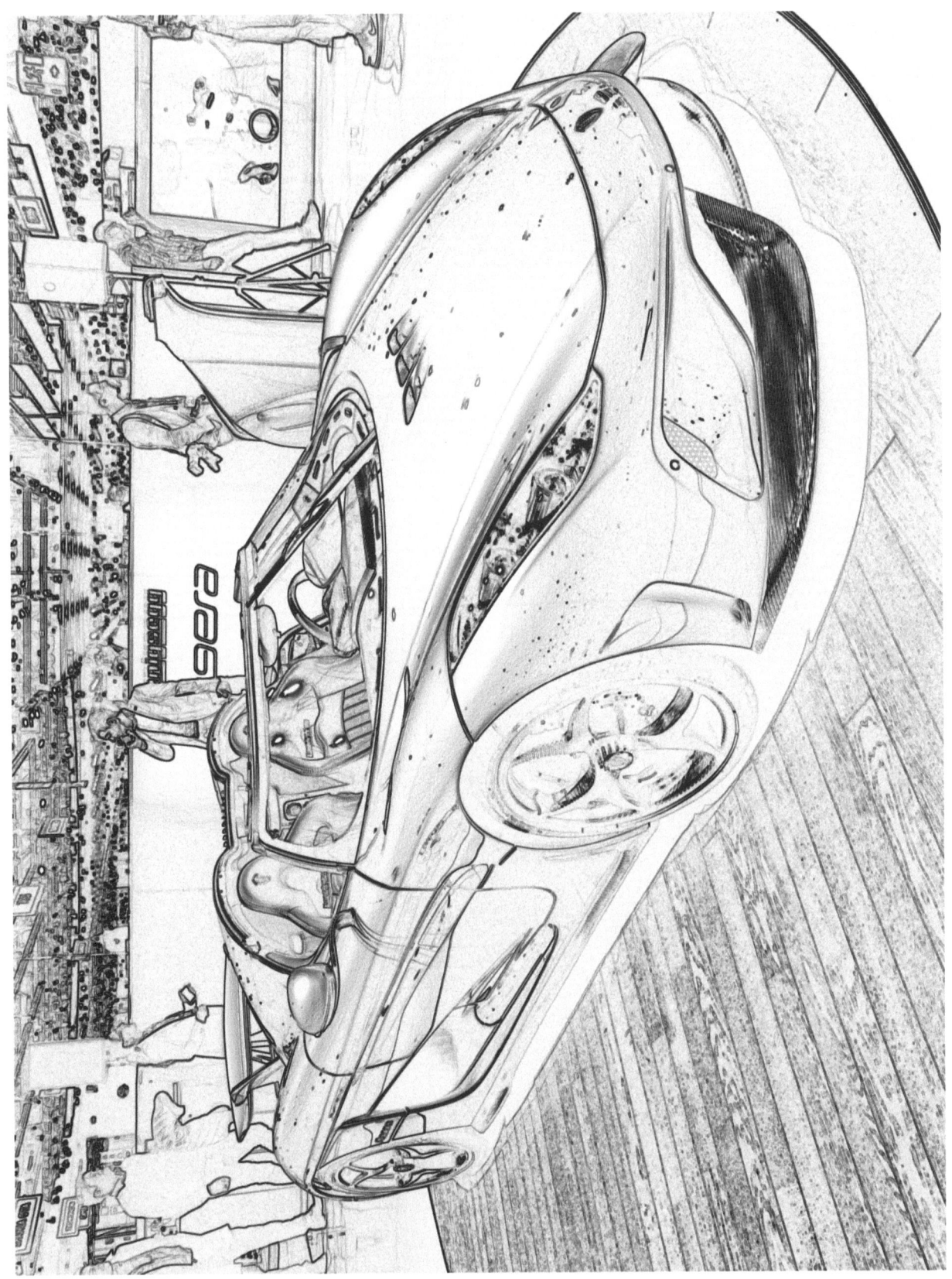

Praxis Zeichnen - Kunstunterricht 1 117

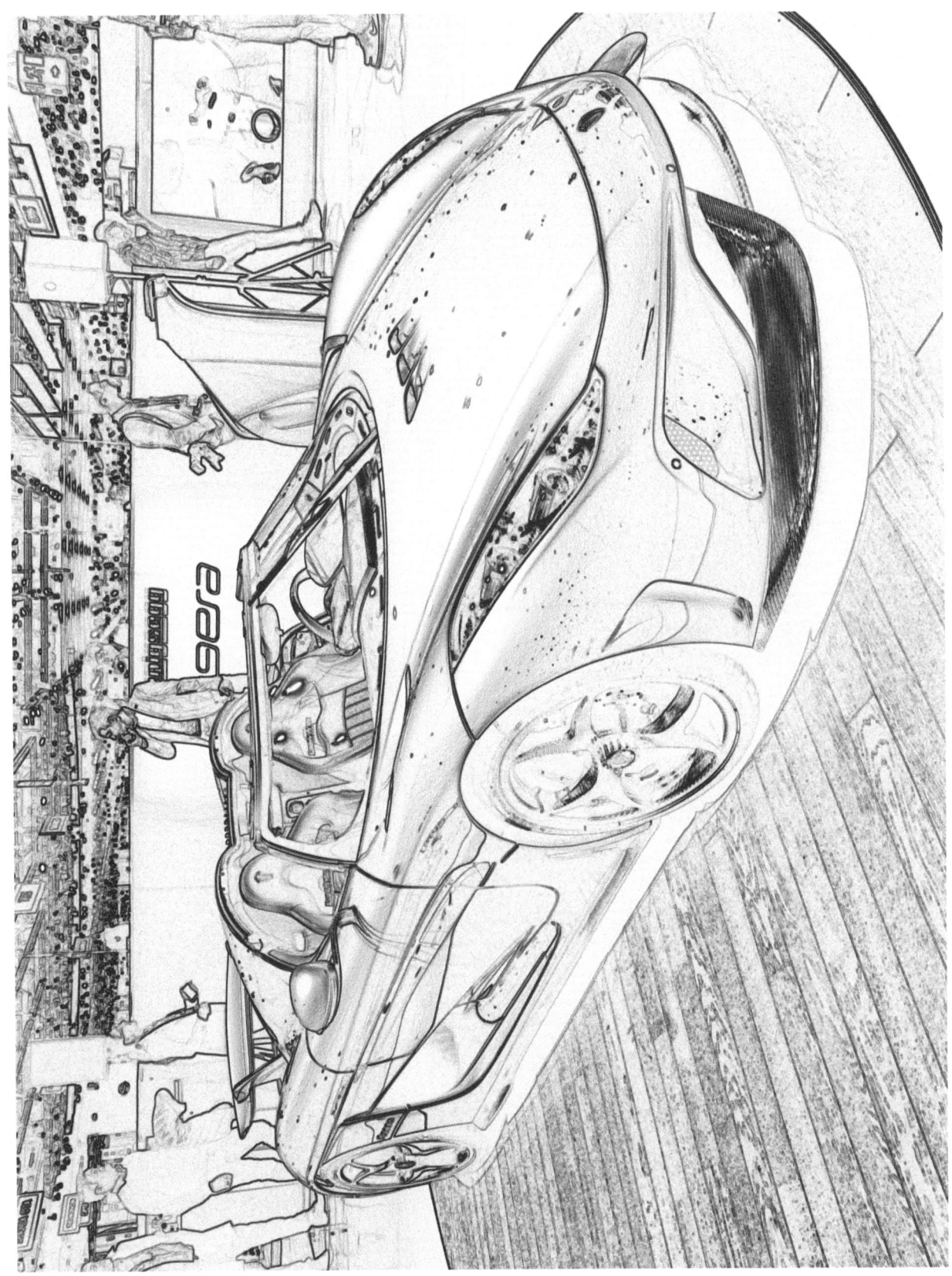

praxis-zeichnen.de

© Copyright 2015 Herpers Publishing International
www.herperspublishing.com
Produced by York P. Herpers.

Picture Copyrights:
Pages 6,12,18,24: Nella / shutterstock.com
Pages 30,36,42,48 :Eric Isselee / shutterstock.com
Pages 54,60,66,72: Elya Vatel / shutterstock.com
Pages78,84,90,96: Maksim Toome / shutterstock.com
Pages 102,108,114,120: VanderWolf Images / shutterstock.com